AF388849

ADVERTISSEMENT POVR CEVX QVI DESIRENT PARVENIR A LA PERFECTION

de l'escriture de Finance.

Par DESPERROIS.

A PARIS,

Chez Nicolas Rovsset en la
grand' salle du Palais,

M. DC. XXIII.

AV LECTEVR.

IE t'aduertis amy Lecteur, que l'Aduertisse-
ment suiuant n'est point pour des Escolliers
qui n'ont aucun commencement en l'escriture;
Ains seulement pour ceux ausquels les Maistres
Escriuains ont fait ce qui est de leur art, qui est
de leur montrer à bien faire vne exemple, auec
mesure & proportion.

ADVERTISSEMENT
POVR CEVX
QVI DESIRENT PARVE-
NIR A LA PERFECTION
de l'escriture de Finance.

E grand nõbre de bõs Scribes qui sõt à presét employez dãs toutes les Finances de ce Royau-me, lesquels l'Autheur à

enseignez , luy ont don-
né assez de reputation,
sans qu'il fust besoin du
present escrit ; aussi ne
l'a il fait que pour vn ad-
uertissement à ceux qui
desirēt paruenir à la per-
fection de l'escriture de
Fināce, de Cõpte, & de
Chancellerie : C'est en
premier lieu de choisir
vn bõ Maistre, & qu'aux
meilleures cõditions des

Finances, ceux qui escri-
uent des mieux se recla-
ment d'auoir esté ensei-
gnez de luy, & pour re-
cognoistre si le Me que tu
vas trouuer est capable
de te biẽ montrer, regar-
de premieremẽt la cõdi-
tiõ ou tu aspire, & les ex-
peditiõs plus frequétes
qui y sont à faire, si c'est
à l'Espargne, demande
luy des acquicts patẽts,

mandemēs portans qui-
ctances, reſcriptions du-
dit Eſpargne , & quel-
ques roolles de double
de cõptes ; Si c'eſt chez
vn Secretaire d'Eſtat,
demande luy quelque
lettre de cachet , ordon-
nances à l'Eſpargne, bre-
uets de don , placets &
quelques miſsiues ; Et
ſi c'eſt chez vn Rece-
ueur general , demande

luy quelques acquicts
comptables, sans y ob-
mettre dans le corps de
ladite quictance les especes de la somme y em-
ployée; Ne luy deman-
de qu'vne de ses expedi-
tions par mois, que
tu luy feras escrire de-
uant toy, & apres qu'il
l'aura faicte en ta presen-
ce, regarde s'il l'a escrite
d'vne mesme plume sãs

la retailler , ſi le ſens &
ſtille de l'expedition eſt
bien dreſſée , la derniere
ligne ſemblable à la pre-
miere , les lettres majuſ-
cules miſes aux mots ne-
ceſſaires, ſãs abreuiatiõs;
& bref que tout ſoit ſi
bien obſerué que l'œil
ſoit content, ſi tu recon-
nois que toutes ſes parties
ſont en luy, arreſte-toy
là, prens journellement
de

de bonnes correctiõs de
luy, & tu trouuerras que
tu profiteras grãdemēt;
mais s'il fait difficulté
d'escrire deuãt toy, qu'il
pregne quelque excuse,
qu'il te remette au len-
demain, où bien qu'il
te baille quelque piece
qu'il aura toute faite, af-
feure-toy que c'est vn
ignorãt,qui est aussi peu
capable que toy, en cas

d'escriture de Finance,
& perdrois ton temps de
t'y arrester : Car ie t'af-
seure qu'il y a bien diffe-
rẽce entre faire vne exẽ-
ple,& bien faire vn estat
des Finances, Qui con-
siste en premier lieu à
bien orner vn tiltre de
chapitre, & pour les par-
ties, tant de recepte, que
despence, bien quadrer
les lignes entre les deux

marges , bien faire vn chiffre de Finance, le faisant plus grand que le corps de la lettre , bien arrester vne somme totalle , & bien placer vne somme par soy , Que tout l'estat soit d'vne mesme grosseur, le dernier fueillet semblable au premier, sans aucunes abreuiations. Sinon les especes d'argét qui sont

employez dans les par-
ties comptables; & outre
pour les appoſtils , ar-
reſts & deciſions, eſtant
en iceluy les conuient
eſcrire en belle minutte
de Finance , ſans neau-
moins y faire aucunes
abreuiatiõs, ny meſmes
aucuns traicts ; en effect
que tout y ſoit ſi bien
meſuré & cõduict qu'il
ſoit agreable à l'œil, &

principalemét aux eſtats du Roy , leſquels ſont journellemét preſentées à la veuë de tous les prin-cipaux de ſon Conſeil, & direction des Fináces. I'en parleray plus am-plement en vn Diſcours que ie mettray en bref en lumiere , de l'excel-lence de l'eſcriture : de Chancellerie, de Cõpte & de Fináce, la differéce

qu'il y a de ladite escriture de Chancellerie aux
deux autres, qui sont cel-
les de Finãce & de Cõp-
te ; de la conformité de
celle de Compte & de
Finãce, de la façon qu'il
faut tailler sa plume pour
escrire de longue halei-
ne, l'ordre qu'il conuient
tenir à la taille pour escrire sur le parchemin, la-
quelle est toute differéte

à celle pour escrire sur le papier, qu'il est de besoin de grauer dauantage sur ledit parchemin que sur le papier , attendu que l'escriture diminuë journellement sur ledit parchemin , & s'augmente sur le papier : partant en escriuant sur ledit papier ne faut aucunement pezer ; ains laisser faire le naturèl de la plume qui ne

manque jamais à son de-
uoir.

FIN.